我們為什麼要學表達？

掌握閱讀、述說、傾聽、寫作四大能力，
讓你有自信、受歡迎、打動人心、更有競爭力

著：池上彰
漫畫：くりたゆき

序言

你擅長向他人傳達訊息嗎？

我幾乎已經可以聽到有人說：「要是擅長的話，就不會拿起這本書了。」沒錯，能自信的說「我可以把要說的話表達得很好」的人，其實非常少。大多數人碰到表達方面的問題，都會感到無從下手。我也曾是其中之一。

小學時期，我非常怕生，要我和第一次見面的人說話實在太難了。更別提要在全班同學面前對大家說話，這種時候我會緊張到連腳都在發抖。一直到後來我大學畢業、進入NHK電視台工作，這種情況都沒能改變。身為NHK的記者，不得不經常和各式各樣的人見面，例如和警察攀談、問出資訊，都是我工作的一部分。但我甚至曾經在警察局門前，緊張到抬不起腳走進去。

後來，就連我當上電視新聞主播，第一次上主播台播報新聞時，我還是緊張到連「各位觀眾晚安」這種問候語，都得事先寫在稿子上照著朗誦練習才行。現在回想起來，都還是覺得好尷尬。

不過，透過每天不斷和人會面、交談，我慢慢掌握到一些技巧。也是從那時候起，我開始覺得「向人傳達訊息」這份任務變得有趣起來，甚至進步到能夠給苦於「傳達訊息」的人提供建議。我能告訴他們：「你這樣這樣做，就能更順利的表達哦。」也因為想著要把這些經驗傳達給你，才寫了這本書。覺得不擅長某件事情並不丟臉，我們可以先試著踏出第一步看看。這本書就是為了幫助你而來到你身邊！

2023年10月

新聞記者　池上彰

目次

登場人物介紹

關川 讀真

小學五年級學生。天生很容易害羞，沒辦法很好的表達自己。正為了怎麼寫好一篇描述自己的作文而煩惱。

關川 話奏

國中一年級學生。讀真的姊姊。非常喜歡和朋友聊天，最近正熱衷社群平台。

關川 禮人

讀真和話奏的爸爸。他希望孩子們能夠學會「表達的能力」。目前在報社擔任記者。

關川 菊乃

讀真和話奏的媽媽。平時在圖書館擔任圖書管理員。她非常擅長傾聽，經常幫助來圖書館的小朋友解決困擾。

池上 彰

記者。在關川家爸爸工作的報社連載專欄，所以和關川一家人成了好朋友。

序章

差不多是爸爸帶客人到家的時間了呢。
……
讀真，你怎麼啦！
不行，我做不好這個。
描述自己的作文要怎麼寫啊！
而且，寫完還得在大家面前朗誦出來，我肯定沒辦法的啊！
他的作業好像是要寫「描述自己」的作文
這樣啊……

要向別人傳達事情真的不容易呀。
媽媽在圖書館碰到人來問書的內容，也會覺得不知道怎麼說明才好呢！
我也是呢！
但話奏不是很擅長和朋友聊天嗎？
聊天和說明或上台講話又不一樣！
說得也是……
嗷嗚～
連媽媽和姊姊都覺得難了，像我這種不會表達的人一定做不好的啊！
我回來了——
打擾了——
啊，爸爸他們到家了！

這位是記者池上彰先生。
我叫做池上。請大家多多指教。
發生什麼事了嗎？
是這樣的，我們剛剛在聊缺乏表達能力的事。
表達的能力……是嗎！

第1章

做好傳達訊息的心態準備、培養好閱讀力！

讀真弟弟，表達的能力是能夠提升的哦！
……
這兩個孩子都像我，個性容易害羞，沒辦法大大方方的說出自己的想法。
平常聊天，或是在社群平台上，倒是沒什麼問題。
原來如此。不過，就算是在網路上，表達能力也很重要哦。表達方式不當或造成誤會的話，也可能會引起網路風波呢！
說起來，我有個朋友也曾經鬧出很大的風波……

我啊，以前也曾經感嘆過自己缺乏表達能力呢。
我想就連你們的爸爸剛開始當記者的時候，一定也花了很多心力在改善。
其實現在也還在繼續努力啊！
你們覺得，要提升表達能力，最重要的事情是什麼？
？
是——閱讀。
居然是讀書嗎……

心態
1

在「表達」之前，掌握好自己的心態很重要

你們出生在一個網際網路十分發達的時代。這一代人被社會稱為「數位原住民世代」，不但可以輕易的用電子郵件和朋友聯絡，也能在SNS（例如Facebook、X〔以前叫Twitter〕、LINE等社群網路服務）上與從來沒見過的人交換資訊，甚至成為朋友。

正因為生活在這樣的時代，「表達力」也變得越來越重要。如果你無法正確表達自己的感受，或是寫了容易引起誤會的內容，就可能傷害到彼此。或甚至流傳出去引起軒然大波。

想要正確的表達，首先得懂得正確的讀取資訊。如果你在理解他人的訊息時就會錯意了，那回覆的內容當然也會出錯。

很多人以為常常在SNS上和人訊息往來，一定就能培養出正確的表達能力。但事實上，只依靠SNS的話，提升不了多少能力。

那是因為人們在網路上常常會簡化交流的內容。像是X上的「讚」或LINE中的「貼圖」，都是簡化交流的典型例子。

又或者是在網路上搜尋不懂的問題時，很多人會選擇YouTube之類的說明影片來找答案，懶得看純文字的知識解說網站。此外，愛看那種又短又快的TikTok影片的族群也不斷增加。但透過這些方式，就算接觸到大量文字，也還是培養不出閱讀能力。

你有沒有在學校早自習過呢？這是一段很重要的學習時間。認真的去閱讀，好好培養出閱讀能力，進而提升你的表達能力吧。

這點很重要！

身為要表達事物的一方，最重要的是必須把內容「正確的傳達給對方」。抱著這種心態，就是鍛鍊「表達力」的第一步。

心態 2

輸入正確的資訊

當你要向他人傳達一些事情時，首先一定要掌握到正確的相關資訊。而「吸收資訊」的過程可以稱為「輸入」（input）。順帶一提，將腦中的資訊寫出來、說出來或傳達給外界，就叫做「輸出」（output）。

想為自己的大腦輸入正確的資訊，閱讀書籍或報紙等印刷品是我最推薦的方式。這是因為，每本書的最後一頁「版權頁」上，會列出發行方和作者的名字。這種明確指出責任歸屬的資訊可說值得信賴多了。

再加上一本書在完成之前，不只會經過作者和編輯確認內容，還會經過一種叫做「校閱」的校對過程。負責校對的人會一一檢查內容，看看是否有錯字、掉字，修正有錯誤的地方。

新聞報紙的製作也是由許多人合力完成的。報紙通常會分成「早版」和「晚版」。＊

這點很重要！

首先，從尋找「正確的資訊」開始吧！如果要透過網站收集資料，務必透過公共來源或多個網站來交互確認。

為了將報紙配送到離市中心印刷廠較遠的地區，會先印刷早版。接著數十位記者會閱讀這份早版，過程中幾乎總會發現錯誤的地方。修正錯誤後印製的報紙就是晚版，尤其最後一版被稱為「最終版」。最終版主要配送到市中心地區，因此也是最正確、幾乎沒有錯誤的版本。

相對來說，網站上的內容大多都是某人獨力製作，而且通常不會標示作者的名字。所以，比起經過許多人反覆檢查認可的印刷品，網站的可信度比較低。也因此，最好不要只看單一網站的資訊就信以為真。

大家至少應該去由國家或地方政府製作的網站，或大型企業開設的資訊網站查查看唷。

*台灣過去有紙本早報、晚報，現在只有一版。

該怎麼儲備知識

我們把正確的資訊輸入大腦之後，就會累積相關的知識。不過，假如我們要把某件事傳達給他人，腦中的這些資訊是否夠用呢？

舉個例子，你已經知道世界最高建築的資訊——阿拉伯聯合大公國的「哈里發塔」。當你把這個訊息告訴朋友時，其中一個朋友問道：「阿拉伯聯合大公國在哪裡呀？」接著另一個朋友又問：「那它比東京晴空塔高多少啊？」

如果你沒收集到這些資訊的話，就只能回

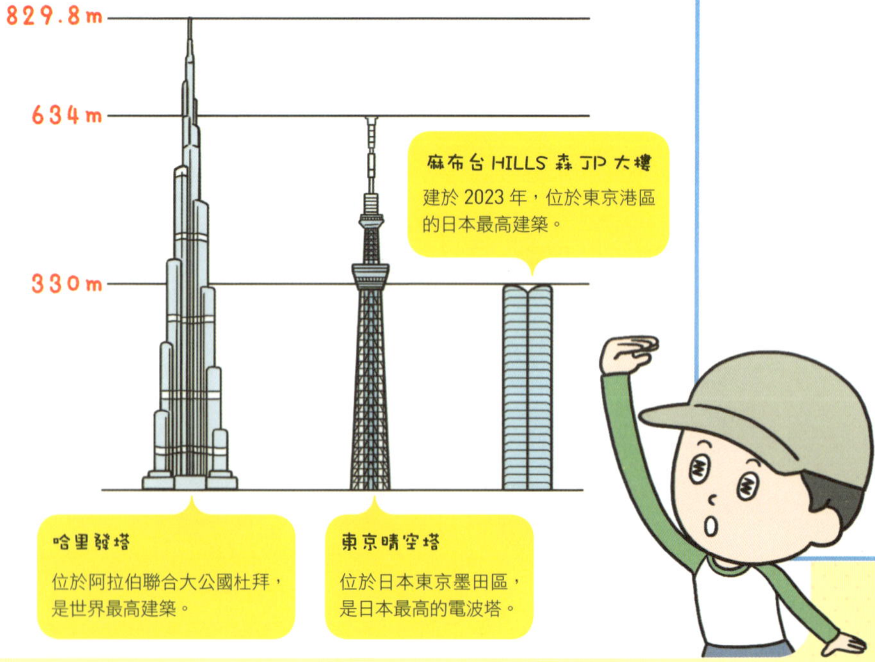
829.8m
634m
330m
麻布台 HILLS 森 JP 大樓
建於 2023 年，位於東京港區的日本最高建築。
哈里發塔
位於阿拉伯聯合大公國杜拜，是世界最高建築。
東京晴空塔
位於日本東京墨田區，是日本最高的電波塔。

※哈里發塔的高度也包含天線。

答「我也不知道……」了吧。但是，既然都要和朋友分享這些資訊了，你一定也想滿足朋友們的疑惑吧。

所以，擁有「好奇心」是很重要的。在吸收知識的過程中，讓好奇心帶領你主動了解阿拉伯聯合大公國位在何處、哈里發塔的高度又是多少等等資訊吧！

如果哈里發塔是世界上最高的建築，那麼日本最高的建築又是哪一座？為什麼阿拉伯聯合大公國要蓋這麼高的建築？阿拉伯聯合大公國所在的阿拉伯半島是不是很少發生地震？抱著好奇心，自然就會想從多個不同角度了解哈里發塔。

用這樣的心態獲得的資訊，在彼此連結和深化之後，就會變成你腦中真正的「知識」。也正是因為擁有各式各樣相關的知識，才能讓對方聽了講解後發出「原來是這樣啊！」的感嘆。而且，今後如果也能一直保持好奇探究的心，並且將這件事視為大事，就算有一天你長大了，或甚至老了，每天都還是能過得充實又有趣。

這點很重要！

一旦獲得資訊，就能收集儲備成知識。所以，只要持續對「為什麼？」和「怎麼會？」保持好奇，知識便會自然而然不斷增加。

培養閱讀的習慣

前面曾經提到（第15頁），想培養「表達能力」，「閱讀力」是很重要的。如果要舉例的話，「作家」就是利用閱讀來培養表達能力的例子。

作家就是把「書寫文章來傳達事物」當成職業的人。很多作家都是從小就開始大量閱讀，每年讀300～500本書的人也不少見。

讀的書越多，除了能獲得越多的知識之外，還能自然而然的培養出優秀的作文能力。

書中會出現許多不同的字詞，所以常讀書的

人就會知道豐富的詞彙。如果能夠把很多詞彙都收進腦子裡，那麼當你想表達什麼事的時候，不就能自由選出最合適的詞了嗎？

有些人會說，自己很想讀書可是沒時間。但是，應該不至於完全沒時間吧。比如，在讀了一半的書夾上書籤，把它放在固定的地方，像是玄關或自己的書桌上。這樣的話，從學校回來、休息前，就能順手拿起來讀一讀。睡前15分鐘也可以用來讀一下書。只要有「想讀書」的念頭，不管多忙，一定能找到時間來閱讀。

還有些人可能會覺得自己看書的速度很慢，閱讀會浪費很多時間。這點倒是完全不用擔心，只要堅持每天閱讀，看書的速度一定會變快的。

來吧，從明天或者今天，甚至現在就開始閱讀吧。一起來把讀書變成生活裡的習慣吧！

這點很重要！

想提升「閱讀力」，閱讀就是最好的方法。只要有「想讀書」的心，就能讀進腦子裡。從現在開始養成「閱讀的習慣」，吸收累積豐富的詞彙吧！

閱讀小說，試著想像畫面

相信你應該已經了解閱讀的重要性了。那麼，我們應該讀哪些書呢？讀哪種書更容易幫助我們提升表達能力呢？

你現在正在讀的這本書，屬於所謂的「工具書」類型。當然，像這類解說型的書也很好。不過，我更推薦「小說」。或者說「故事書」或「休閒讀物」，你可能比較熟悉。

小說的種類眾多，包含兒童文學、懸疑推理小說、奇幻小說、歷史小說等等。讀哪種類型的小說都可以。

你在讀小說的時候，腦海中會不會浮現一些畫面（想像）呢？這其實很重要哦！當我們想向別人傳達某件事時，如果能讓對方腦中自然浮現你想傳達的畫面，傳達起來不就容易多了嗎？想學會運用想像力來幫助表達，小說是最棒的教材了。

「我是貓，還沒有名字。我也不知道自己是從哪裡來的。」

這是夏目漱石的小說《我是貓》的開頭。主角是一隻貓。這個開頭能讓看書的人開始想像有一隻貓對自己說話的模樣。這隻貓接下來要說什麼呢？這樣表達是不是讓看的人一下子興奮起來，忍不住開始期待後面要發生什麼事了呢？

請務必透過小說，體驗小說引發想像、吸引人的力量。然後，如果你能再進一步思考自己是被小說中的哪些部分吸引，就更棒了。

這點很重要！

請務必多多閱讀各種小說。盡情去想像書中的角色、時代等等，享受文字帶領你揮灑想像力的樂趣。接著，思考作者為什麼要使用這樣的表達方式，從中學習如何傳達畫面。

閱讀力 3

人會因為不懂而感到不安

2020年時，新冠肺炎開始在世界各地大流行。到了2023年5月，日本已經將新冠肺炎的分類調整為和「季節性流感」相同的「第五類」疾病。*也就是說，新冠肺炎現在已經變成一種世界上很習以為常的疾病了。

新冠疫情剛開始大流行的時候，很多人都感到非常恐懼。甚至出現了「人類會不會要滅亡了？」「這是不是某個國家的生化武器？」等各種謠言。

那麼，大家為什麼會如此不安呢？當然，是因為害怕「如果感染了該怎麼辦」，但更大的原因是大家對新冠肺炎還有太多「不了解」的地方。

像是「病毒是什麼？」「這個病毒和以前的有什麼不一樣？」「藥研發得出來嗎？」「什麼是

變異株？」等等，很多人心中都有這些疑問。當時，電視上每天都有專家現身，在專門解釋新冠肺炎的節目上親自為大家解答。

其實一開始，多半連專家們都有很多不知道的事。所以就算每天聽他們解釋，大家還是會覺得無法安心。但現在不一樣，疫苗已經研發出來了，我們也知道洗手消毒很有效，人們的擔心也就跟著降低許多。

像這樣的例子裡，其實也藏著提升表達力的小學問喔。也就是，人只要遇到自己不懂的事，心裡多少都會感到不安。這時候，不管我們多努力想把事情傳達給對方，也很難讓對方接收到資訊。

所以，如果你想在這種時候跟對方說清楚什麼事情，自己也得先弄懂才行。先去翻翻書、查查資料，讓自己徹底明白了，再嘗試去告訴別人更好哦。

這點很重要！

不理解就會感到不安，是很自然的。當對方處在那種情況下，你當然沒辦法順利將自己都還不太了解的事傳達出去。仔細查證，把事情弄明白後再去跟別人分享吧！

*台灣於2023年5月1日起，將「嚴重特殊傳染性肺炎(COVID-19)」由第五類傳染病調整為第四類傳染病。

現在就開始養成查字典的習慣

在讀書的時候，確認字的讀音是非常重要的。不然的話，可能會把詞語的意思記成錯的！

先前曾經就有一位日本首相，把漢字的發音讀錯了。例如，把「不曾（ㄘㄥˊ）有」唸成了「不曾（ㄗㄥ）有」。其實，這位首相並不是不懂這類詞的意思，多半只是他一開始就記錯了讀音。而他身邊的人可能也不好意思糾正他，於是他就一直記著錯誤的發音。這麼一來，明明早就學會的詞，也無法正確的傳達給別人了。

想避免發生這種錯誤，最好的方法就是查字典。不要嫌麻煩，字典不僅能幫助我們確認正確的讀音，也能讓我們更詳細理解詞彙的意思。

我在擔任NHK電視節目主持人時，曾發生過一件事。

那次是報導「颱風通過豐後水道」，當時有一位小學生問我：「那個水道指的是我們家裡的水管嗎？」我當時回答：「豐後水道指的不是自來水的水管，而是海峽。」這確實是會讓人想發問的問題呢。

豐後水道明明是「海峽」，又為什麼會有「水道」這種別稱呢？我查了一下，發現這是因為明治時代在繪製海圖時，當時的英國指導人員沒有特別深思熟慮，就直接用英文指示：「這裡是Channel，這裡是Strait。」於是，後來在翻譯成日語時，Channel變成了「水道」，Strait則變成了「海峽」，並且一直沿用至今。

這件事提醒了我，就算是我們平常很習慣隨口說的詞語，也應該查詢了解一番才行。

這點很重要！

在閱讀時，碰到不認識的字或不懂意思的詞語時，不要覺得麻煩，要盡量多查字典。如果老是跳過不管它，以後長大出了社會，說不定就會因此出糗哦。

這是個好問題！

之1 請問，要怎樣才能挪出多的時間看書呢？

Q

我知道閱讀報紙和書籍來輸入資訊很重要，但我真的沒有時間。池上老師，您那這麼忙碌，是怎麼空出時間來讀書的呢？

A

隨身帶著書吧！

我總是會隨身帶著想看的書。等電車的時候、在餐廳前排隊候位的時候，或者去洗手間的時候，一點點小空檔我都會用來看書。如果你手邊隨時有書，就能利用這些時間翻看幾頁。

試著在自己的生活中找出零碎時間，然後好好利用它們來讀書吧。

第2章

磨練述說力，抓住對方的心！

池上老師，您好！
你們好，歡迎來玩！
最近有記得多看書嗎？
我感覺我的表達能力還有待加強。
我會查字典幫助學習。
我每天都有讀書，很常看到不認識的詞呢！
這樣啊。讀真，要不要試看看把你剛才說的話調動一下順序呢？

我感覺我的表達能力還有待加強。
我會查字典幫助學習。
我每天都有讀書，很常看到不認識的詞呢！
1我每天都有讀書，
2很常看到不認識的詞呢！
3不過我會查字典幫助學習。
4但我感覺我的表達能力還有待加強就是了。
哇！這樣說清楚多了！
剛剛讀真說話的順序，確實有點讓人摸不著頭緒呢！
首先，把想傳達的重點放在一開始說，聽的人就會比較容易理解！
說話的時候還有其他很多的小技巧哦！

述說力 1

加深理解，才能向他人說明

你在學校裡有學「國語」這門課對吧？那麼，你認為國語這門課學的是什麼呢？你會怎麼跟別人說明這個科目呢？

「是學習中文嗎？還是學習如何讀寫文字呢？」正在讀這本書的你肯定懂中文，讀寫文字也沒問題吧。那麼，國語課究竟是在學什麼呢？

國語課本裡有各式各樣的文章。比如，日本很多教科書裡都會收錄兒童文學作家新美南吉寫的故事《狐狸阿權》。

在學到《狐狸阿權》的章節時，大家會在課堂上討論狐狸主角「阿權」和登場人物「兵十」的各種心情。

國語課其實是學習如何運用語言來思考各種事情的課

程。此外，也是學習我們的價值觀與文化的課程。

有時候，突然要將我們平常認為理所當然的事情解釋給別人聽，我們一樣會感到非常困難。想把事情解釋得清楚明白，就得更深入理解這些事情才行。

我以前錄製NHK電視台的《兒童新聞週刊》節目時，就曾經深深感受到，即使是自己很了解的事，要向完全不懂的人解釋時，竟然是這麼困難。

會這麼難的原因，正是因為自己對這件事的理解還不夠深。如果只是模模糊糊記得，或是不了解相關內容，就沒辦法把事情說明得簡單好懂。

所以在查證、了解某些事情時，不妨一邊想像自己待會要把它解釋給完全不知道的人聽。這樣你的理解就會更加深刻到位哦！

這點很重要！

要向別人說明自己不熟悉的事物是很困難的。加深知識儲備，就是加深理解。查資料時，別忘了抱持這樣的想法哦。

述說力 2

教科書很難讀懂

我曾經主持NHK電視台的《兒童新聞週刊》節目，有次討論到「國家預算」時，我用了「因為國家的錢不夠，所以會藉由發行國債來借錢」這樣的例子來說明。結果，有一位小學生觀眾提問說：「如果錢不夠，多印一些鈔票不就好了嗎？」會這麼想其實很合理，因為印了多少鈔票，就等於多了多少錢嘛。

可是，如果鈔票變多了，鈔票（錢）的價值就會下降，然後導致物價上升，這就叫做「通貨膨脹」。順帶一提，如果是反過來，錢的價值上升，物價下降，就叫做「通貨緊縮」。

要向小學生解釋這樣的經濟機制挺困難的。所以我特地去查了國中和高中的教科書以及參考書，想看看裡面如何解釋這些名詞。然而，我發現這些書裡都沒提到相關說明。裡頭只提到「通貨膨脹的成因，包括成本推動型通膨和需求拉動型通膨」之類的名詞，並沒有對通膨的基本原理多做說明。

要將事情解釋得簡明易懂並不容易。如果要詳細說明到讓讀者完全明白，恐怕得佔掉教科書好幾頁的篇幅。大概是因為老師會負責說明，教科書就只是簡單帶過了吧。

也就是說，教科書的內容雖然沒有錯，卻不一定能寫得親切或容易理解。

最後，我只好自己另外去找資料。

想把事情傳達給對方，不是只要內容正確就好。還得仔細查清楚，然後用對方能理解的方式來說明。

這點很重要！

重要的不只是「沒有錯誤」，還要考慮「這樣解釋是不是容易聽懂」。要隨時將這點記在心裡哦！

100
這個價值
100日元！
錢的價值下降，
物價上升
通貨膨脹
的時候……
100
50
沒有150日元
可買不到呢！
50日元
就能買到！
50
通貨緊縮
的時候……
錢的價值提高，
物價下降

述說力 3

哪些該保留、哪些該捨棄

你在班會上發表意見時，會用什麼樣的方式來說明呢？如果能一開始就說出自己是贊成還是反對，底下的聽眾會更容易理解哦。

回應別人的意見時，如果先說出自己的結論，「我的想法有點不同」或「我也這麼認為」，能讓聽的人更容易進入對話。

接下來，才說明為什麼會得出這個結論。理由舉一個或兩個就夠了。說最重要的部分就好。如果說得太多，聽的人會記不住，講得太長還會讓人搞不清楚到底哪裡才是重點。

說話時，如果講到一半突然想到別的事，結果話題越扯越遠，也不太好。因為你原本想傳達的重點，可能就這樣被埋沒掉了。

這樣的情況不只會發生在說話時。比方說，在做書的時候也是一樣。負責做書的人，稱為編輯。編輯會企劃內容，並與負責寫文章的人討論，接著還會檢查完成的稿件。

所有採訪到的內容或查到的資料，並不會全都收進書裡。因為書的頁數有限，不夠重要的內容就不需要收錄進去。該寫哪些內容、哪些可以捨棄，編輯和作者會一起做出正確的決定，這樣才能生產出內容易懂的原稿。

說完話之後，如果能聽聽朋友的感想，那就太棒了。如果你能坦率的接受朋友的意見，你的說話技巧一定會越來越好的。

這點很重要！

想向別人解釋某一件事時，如果塞進太多資訊，只會讓內容變得很難懂。試著把想表達的重點整理得更簡潔吧。

述說力 4

不要只顧著說自己的事

前些日子，發生了一個讓我好好思考「溝通」這件事的經驗。當時我剛好接連見到兩位高中時的女同學。

「哇，好久不見！最近好嗎？」

第一位同學這樣跟我打招呼，接著就開始說：「我啊，最近……，然後又……」然後就一股腦的講自己的事情。

剛開始我還聽得滿開心的，但漸漸就覺得有點無聊了。

她很會聊天，表達的方式也沒問題，但一直聽

她講，卻變得越來越枯燥無趣。

後來，我見到了第二位同學。她也是以「哇，你好嗎？」開場。

不過，她接下來問起我的近況，然後不時會大力點頭，或是稍微歪著頭思考我說的話，甚至有時聽到我說了什麼還會開心拍手，表現出對我講的事情很有興趣的模樣。

當然，我也問了她的近況，興致勃勃的聽她分享事情。

和第二位同學的談話中，我們的「說」和「聽」之間保持了良好的平衡，讓對話變得非常愉快。不知不覺間，時間就過去了。

傳達得好不好，當然和我們本身的說話方式有關。但我也明白到，要讓對方不會感到無聊，讓他們有機會開口說話也是很重要的。

「能夠認真傾聽別人說話」，就是和他人達到良好溝通的秘訣。

這點很重要！

要進行「溝通交流」，自己和對方都是不可或缺的。不要只講自己的事，也要好好傾聽對方說話，這才是最棒的溝通方式。

述說力 5

能讓對方多說「哇～」的說話技巧是什麼呢？

你在說話的時候，是不是也動過「我現在表達得夠好嗎？」這樣的念頭呢？當我們不放心自己的表現時，有沒有什麼方法能幫助我們判斷呢？

首先要做的，就是觀察對方的表情。

如果對方的表情沒有變化，或是一臉無聊的樣子，這時你就能猜到對方可能對你的話題不太感興趣，甚至你講的內容也可能沒傳達過去。

反過來說，假如對方對你說的話很感興趣，通常會有「哇～」這樣的反應。這個「哇～」的反應，就是能用來判斷你的說話方式是否成功、對方是否也覺得你說的話有趣的一個指標。

我們可以多注意什麼時候對方會說出「哇～」，記住是什麼樣的表達方式會引來這樣的反應，下一次和別人說話時就能試試看同樣的方式。

那麼，怎麼說話才能讓對方更常有「哇～原來如此」的反應呢？

首先，最重要的是，你也對自己要說的內容感到「哇～這真的很有趣」。自己都不覺得有趣的事情，就算成功傳達了，對方也不會覺得有趣吧。

為此，我們要時常保持好奇心，試著去找出事物裡會讓人感到有趣的部分。經常抱著想發現有趣事物的心態非常重要。這樣的心態對於提升你的「表達能力」會有很大的幫助哦。

這點很重要！

想讓對方對自己說話的內容感興趣，就從那些連自己也感到驚奇有趣的事情談起吧。如果說的是連你自己都覺得沒什麼意思的話題，那對方也不會覺得對話愉快有趣了。

述說力 6

從電影學習「抓住」人心的方法

你看過新海誠導演的動畫電影《鈴芽之旅》嗎？這部電影的主角「鈴芽」踏上了關閉災難之門的旅程，是一個氣勢磅礴的故事。電影一開始，是一位小女孩到處尋找媽媽的畫面。接著很快就會揭曉，其實這是一個女高中生做的一場夢。

到了有人喊出「すずめ！」時，我們才知道すずめ指的並不是小鳥（註：日文的「鈴芽」和「麻雀」同音），而是這位女高中生的名字。

接著，鈴芽在做了這個夢的那天早上，在上學途中遇見一位「正在尋找廢墟中的門」的陌生俊美青年。

單單只看這幾個場景，觀眾就已經完全被這個故事吸引住了。鈴芽的過去到底發生過什麼事？這位神秘的青年又是什麼人？所謂的門究竟是什麼？

這些場景讓人心裡充滿期待，迫不及待想知道接下來會發生什麼事。

我覺得這個開頭設計得很巧妙。為什麼呢？因為它很「抓」。所謂的「抓」，就是引起他人的興趣，牢牢抓住人心。

如果這部動畫是從鈴芽平常的學校生活開始，然後按照事件發生的順序，描寫她偶然走進城鎮邊緣的廢墟、發現那扇門的過程，你覺得還會像現在這樣的編排方式一樣令人興奮、期待嗎？

不管是故事還是電視節目的開頭，都常會特別設計這樣的「吸睛開場」。像是用「咦，真的假的？」「不會吧！」這樣的對話開場，或是從「〇〇嚇得全身發抖」這種讓人心頭一震的場景開始。

這種「吸睛開場」，其實也是讓對方更想聽你說話的好方法呢。

這點很重要！

什麼樣的說話方式，會讓人產生興趣呢？不妨參考一下你喜歡的電影或故事，試著有意識的運用那些能吸引人心的「吸睛開場」吧！這麼做一定會對你有幫助哦。

述說力 ❼

讓人產生「這個話題好像很有趣」期待的說話技巧

如果有一天，你必須在很多人面前發表演說，這時，「抓住注意力」的能力就變得非常重要了。比方說，如果你要談「阻止全球暖化」這個主題，可以試著這樣開場：「大家喜歡什麼樣的天氣呢？晴天？還是下雪？不過啊，世界上好像有很多人比較喜歡大雨和乾旱哦。」這時，聽眾心中一定會納悶「為什麼？」。因為喜歡大雨和乾旱的人應該很少吧？有些聽眾可能還會用疑惑的眼神看你。

其實，這就是我要「抓住大家注意力」的策略。

接著我繼續說：「地球暖化加劇的話，原本就多雨的地區會出現更多大雨，相反的，原本就少雨的地區就會更容易乾旱。」聽眾聽到這裡通常會露出「沒錯沒錯，然後呢？」的表情。

我再接著說：「目前，世界各地的強降雨、沙漠化等異常氣候現象越來越多。但

是，看來卻沒有多少人認真在努力阻止全球暖化。」「看來大家是真的喜歡這些異常天氣吧？」說到這裡，聽眾通常會恍然大悟，輕聲發出「原來是這麼回事啊！」「唉呀，原來是在諷刺呢！」等等驚嘆。

你看，這樣的說法，是不是比單純說「我們來阻止全球暖化吧！」，更能引起聽眾的興趣呢？

刻意說一些反話，或是做一些讓人忍不住疑惑「這句話是什麼意思啊？」的發言，都是能讓人對你接下來的表達內容產生期待的技巧。

你也可以試試發揮自己的創意，挑戰看看喔！

這點很重要！

要在很多人面前說話時，不妨從一些會讓人感到意外的內容開始。讓對方因為感興趣而決定聽下去，「抓住注意力」的策略就成功了！

述說力 8

該怎麼設計吸引人的開場呢？

那麼，所謂「開場吸引力」薄弱的說話方式，會是什麼樣子呢？假設你要和大家分享一次郊遊經驗：

「早上一起床，看到天氣很晴朗，真是太好了。我洗完臉、吃完早餐，然後背起背包，搭巴士去〇〇山郊遊。途中看到一條很大的蛇，嚇了我一大跳。」

你覺得這樣說有不有趣呢？這樣確實是很完整的按照事件發生的順序描述了過程，但如果想「抓住」大家的心，這樣說就有點沒意思了。

同樣是講郊遊的事，我們不如換成這樣開場：

「我們正穿越草叢，慢慢往前走的時候，突然一條大蛇出現了！我從來沒看過那麼大的蛇，真是嚇壞我了！」

這樣開場，聽的人一定會有「這是哪時發生的事？是什麼蛇？會不會是毒蛇啊？那後來呢？」種種疑問，並且不知不覺被吸引住。

接著你才開始說：「其實啊，這是我之前去郊遊時發生的事……」

即使說的是同一件事，刻意調動事件發生的順序，先從最有趣的部分開始說，或者先不告訴大家這是什麼時候發生的事，更能引起對方的興趣。

試著抓住聽眾的心吧！只要做到這一點，基本上你已經朝「擁有好的表達能力」邁出成功的第一步了。你一定要多花點心思去挑戰看看哦！

這點很重要！

就算說的是實際發生過的事，但只顧著按順序來講的話，沒辦法讓故事變得生動有趣。不妨試著從聽眾會最感興趣的部分開始說，這樣一定會讓故事變得更加精彩！

述說力 9

在很多人面前說話時，要一一看著對方的眼睛

在許多人面前發言時，應該保持什麼樣的態度呢？你可以想像一下自己在發表查到的資料時的情境。

最不好的情況，就是表現出沒有自信的樣子。像是說話聲音很小，或者表現得扭扭捏捏，聽的人就不會受到你說的話吸引。

這樣一來，就算你原本要說的內容很有趣，也用心安排了吸引人的開場，也無法真正打動人心。

首先最重要的是，不要扭扭捏捏、畏畏縮縮，要勇敢的看著聽眾的眼睛，像是在和他們說話那樣去表達自己的想法。

發表時可以準備講稿，邊看著講稿邊說話也沒關係。不過，為了能夠邊看著聽眾的臉說話，不能老是低頭只看講稿。

在發表之前，你要先仔細熟讀講稿，把內容記在腦子裡，這一點很重要。

而且，你在調查資料的時候，就可以邊思考到時候的發表過程了。邊想著怎麼安排順序能讓聽眾更容易聽懂，邊整理資料。

比如說，你可以一開始就先講查到的內容和結論，接著再說明為什麼會調查這個主題、調查的過程如何，最後再把你查到的結果和你明白的重點重申一次。

像這樣，一邊思考要怎麼說，一邊有條有理的把內容寫下來，最後把整理完的稿子實際唸出來練習吧！這樣一來，就萬無一失啦！

這點很重要！

在很多人面前說話時，事前準備非常重要。當然，如何安排說話的內容也很重要，但最重要的，還是要大方、自信的說話哦！

述說力 ⑩

你說的話裡是不是帶有感情呢？

誠實的說出自己內心的想法是很重要的。太在意周圍的反應，結果說了謊或含糊帶過，反而不好。

因為那些違背真心的話，終究會被發現。一旦被戳破，你反而會失去別人的信任。不過，雖然誠實是好事，有時說得太直接，也可能讓對方感到不舒服，或冒犯到對方。比如說，如果你當面跟對方說：「〇〇，你字寫得好醜哦。」就算這是事實，聽到的人也不會覺得高興。但如果你明明心裡不這麼想，卻硬要說「〇〇，你字寫得好漂亮哦！」，對方反而會覺得你把他當成笨蛋了。

如果你面帶笑容告訴對方：「〇〇，你的字或許不算好看，不過一看就知道是你寫的，我反而很喜歡呢。」對方會怎麼想呢？應該就不會感到不舒服了吧？因為這第三句話裡，帶著你的真心與溫暖，也成功的把你對對方抱持好感的事傳達了出去。

在電視上常會看到一種講話很直接、毫不留情，被人說是「毒舌家」的藝人。雖然他們說的話很毒辣，被批評的人還是能笑著接受，這多半是因為那些毒舌藝人其實都是帶著感情說出那些話的。

如果說出來只會讓對方討厭你，就算你再怎麼正確的表達內心想說的話，也是毫無意義。所以，要做到既能好好說出自己的想法，又不被討厭，最重要的，就是說話要帶有感情。

哪怕說的是一模一樣的內容，其中是不是帶有感情，對方的感受可是會大大不同哦。

這點很重要！

說話並不是只要誠實就好，因為每個人都有自己的感受。連你自己被說都會覺得不高興的話，就不要對別人說吧。

述說力 11

批評別人的話，至少要是你敢面對面說出口的話

你曾經批評過朋友嗎？批評有兩種，一種是當著對方的面說的，另一種則是在對方不在場時說的「壞話」。

最好不要在別人的背後說壞話。因為在對方不在場時所說的批評，太缺乏感情了。

你如果被說壞話，一定也會很不舒服吧。

不過，我也明白，有時候我們真的會忍不住想說別人的壞話。畢竟只要是人，一定都會有生氣、不滿的時候。

就拿我以前碰到的一件事來舉例。

有一次，我和幾個人在聊天時，△△去了廁所。這時，有個人看到他離場了，就開口說：「△△這個人還蠻奸詐的。」大家也跟著附和說：「就是啊，就是啊。」就在這時，△△回來了。

於是我故意當眾說：「剛剛大家在討論你有多奸詐呢！」

△△聽了當然說：「什麼啊！」

其他人也都說：「你幹嘛直接說出來啊！」

但我覺得，因為我是當著△△的面直接講，他應該反而會覺得「至少他們不是在我背後偷偷說我」，心裡會比較安心，也不會因此失去對朋友的信任。

換句話說，我認為就算要說別人的壞話，也應該控制在自己能當著對方面說出口的程度。這是做人該遵守的一條基本原則。

這點很重要！

不管是誰，都不會預設別人會在背後說自己的壞話。一旦發現原來有人在背後說自己的壞話，今後恐怕就無法再相信那個人了吧。也就是說，以後已經沒辦法再做朋友了。

述說力 12

守口如瓶的人值得信任

我們之前已經聊過在背後說人壞話是不好的。其實，就算不是壞話，光是隨口閒聊不在場的人的事，也不是件好事哦。

有次我在考慮要不要買車時，走進了一間汽車展售中心。

那裡的銷售員走過來跟我說：「這台車啊，連電視上很紅的□□先生也買了呢！」我想那位銷售員應該是想對我說「這台車好到連□□先生都買它」吧。

可是，我聽了之後卻覺得有點不舒服。我心想：「這個人是不是到處講客人的事呢？如果我買了這

台車，他是不是也會跟別人說『池上彰先生也買了這台車』呢？」

這樣一想，我就決定不在那家展售中心買車了。

朋友之間的往來也是同樣的道理。

如果有人問你：「○○是不是數學很厲害？」你回答說：「應該還不錯吧。○○說他上次考了75分呢。」

那麼，問你的人會怎麼想呢？可能會覺得你也會像這樣隨口把他的分數說出去吧。

這樣一來，你就很難獲得對方的信賴了。

所以，碰到這種情況，說到「應該還不錯吧」就該打住了。

「守口如瓶」是一件非常重要的事。想讓別人願意聽你說話，首先你要成為一個值得對方信任的人。

這點很重要！

能聊得開心，和「嘴巴不緊」可是不一樣的。「守口如瓶」，可說是衡量彼此信任的一把尺呢！

述說力 ⓭

有些情感無法用道理解釋

日本的運動選手在奧運會之類的比賽上錯失金牌，只拿到銀牌時，對著電視前的觀眾說「對不起……」的畫面，你是不是一點也不陌生呢？

其實，他們並沒有做錯什麼事。銀牌已經是非常了不起的成績了。他們已經全力以赴，輸了也是無可奈何的事。照理來說，他們根本不需要道歉。

那麼，他們為什麼要道歉呢？

在我看來，這些道歉的選手其實是想說：「謝謝所有為我加油的日本觀眾，承蒙大家支持，沒能達到大家的期望真的很抱歉。下次我會更加努力！」聽到他們這樣道歉，電視機前的我們心裡反而會浮現這樣的心情：「你已經做得很好了，不需要道歉。謝謝你帶給我們的感動！」

相反的，如果有選手在輸了比賽後，卻若無其事的接受訪問，你會怎麼想呢？想像你在深夜裡揉著快要睜不開的眼睛，為他在海外的比賽加油，結果選手輸了，卻在記者會上看起來不太在意的樣子。

事實上，確實也有這樣的選手，而且理論上，他們的態度也沒錯，因為他們本來就不需要為輸了比賽道歉。可是看到他們無所謂的樣子，心裡難免還是會有點火大對吧？我能理解這種心情。因為人是有「情感」的生物，有些情緒本來就不是道理說得通的。

雖然他們無須道歉，但我認為，能設身處地想想對方的感受，懂得用合適的話語去回應對方的心情，也是人生中很重要的一件事。

這點很重要！

人都有情感，你想傳達話語的對象當然也是。如果你能想著對方的心情說話，彼此的溝通應該也會變得更輕鬆愉快。

站在對方的立場來說話

想把話清楚傳達給對方的訣竅之一，就是「站在對方的立場來說話」。

怎麼說呢？我們用接下來的兩句話來比較一下吧！

A：**「○△食品公司已決定調漲□▽冰淇淋的價格。」**

B：**「大家，○△食品的□▽冰淇淋要漲價了喔！」**

這兩句話要傳達的內容其實是一樣的。可是B的說法是不是讓人比較有共鳴呢？

因為A所傳達的是○△食品公司的說明，也就是說，是站在○△食品公司的立場上講話。

另一方面，B所傳達的內容是要和「大家」說的事。「以後要買□▽冰淇淋的時候，得多付一點錢囉」，這是站在聽的人的立場上來傳達的內容。這就是最大的差別。

而且，在B的說法中，一開始就用「大家」來呼喚

聽眾，不但讓人更有親切感，也更能引起聽眾的興趣。

再比如說，如果有人自我介紹時說：「我的腳程很快，很擅長跑步。」大家感覺怎麼樣呢？你會不會覺得有點像在自誇？

可是，如果他接著說：「如果我能選上運動會的班際接力選手，我一定會努力幫班級拿下冠軍。」你是不是就會有點改觀，甚至希望他能加油，也對他有點好感了呢？

這正是因為他在自我介紹時，考慮到班上同學的心情，才能產生這樣的效果。

這點很重要！

「我怎麼樣怎麼樣……」「我如何如何……」，不要老是站在自己的立場上說話，在進行對話時考慮對方的立場和感受是非常重要的！自誇時也要保持分寸哦。

述說力 15

給出「談話地圖」很重要！

為了讓別人更容易聽懂我們說的話，我認為最重要的，就是先把「談話地圖」交給對方。想像一下，如果你和朋友第一次去遊樂園，結果沒有地圖或導覽手冊，會怎麼樣呢？你根本不知道哪裡有什麼設施，哪裡有表演，完全搞不清楚狀況吧？這樣一來，不但可能錯過想去的地方，還可能白白浪費掉很多時間。

但是，如果手上有一張遊樂園的完整地圖，就能放心四處遊玩了。

說話也是一樣的道理。如果讓聽的人事先知道你接下來要說什麼、會用什麼樣的順序講述，對方就會更容易理解你要表達的內容。這就是所謂的「談話地圖」。

例如，在班級會議上，大家要討論「班級圖書借閱規則」，這時候主席就應該先把「談話地圖」發給大家，例如：「今天有3個討論議題。第一個是

『班級圖書借閱規則』。首先我們請圖書股長跟大家說明現在的借閱規則。

「接下來，請提出想修改規則的〇〇同學說明原因和修改提案。

「最後，總結討論時希望大家能夠踴躍發表意見一起討論。」

班上的同學聽完說明後，就能明白在今天的班會上，自己需要「確認現在的借閱規則，然後聽聽新的提案，邊聽再邊思考自己的意見」。這樣一來，大家就能做好心理準備，討論也會更加順利。

在和朋友們討論事情時，你也可以試試看這個方法哦！

這點很重要！

在班級會議或其他需要和大家一起討論的場合，請記得「談話地圖」這個技巧，只要這麼做，討論一定會進行得更順利哦！

這是個好問題！

之2

該怎麼做才能把話說得更好呢？

Q

我很不擅長上台發表。雖然心裡其實都懂，但因為沒辦法在課堂上表達出來，我很怕老師會以為我不懂。大家常常對我說「要有自信」，但我希望能有其他更多建議。

A

一邊思考要怎麼發表，同時加強學習

即使你在台上表現得不太好，其他人也沒有你想像的那麼在意哦！所以，先試著改變你「太在意別人眼光」的心態吧。

還有，如果你發現自己沒辦法順利發表，也有可能是你以為自己已經懂了，但其實還沒有真的理解。試著一邊思考「如果我要發表這個內容，該怎麼說才好呢？」，一邊加強學習，這樣就能加深你對內容的理解哦！

第3章

培養傾聽力，你就能成長更多！

前陣子班會的時候，我有發表自己的意見。
不過，大家好像聽不太懂我在說什麼。
有些人根本沒在聽，還有人都在聊天。
別擔心。聽你這麼說，我相信你的表達能力一定會提升的！
這是為什麼呢？
因為你謙虛的檢討了自己的問題，而且還仔細的觀察了大家的反應。

要把想說的話清楚傳達出去，其實連現在的我都還是覺得很難呢。
所以，讀真你沒能成功也是很正常的。
如果覺得自己沒能成功，也別灰心，把經驗活用到下一次的挑戰裡就好。
而且就像現在這樣，你總是認真聽別人說話，這也是我認為你一定會進步的原因。
懂得傾聽也很重要呢。
說得沒錯！

傾聽力 1

正確的認知「自己不懂」的事實

為了把事情「傳達清楚」，首先必須正確了解你想傳達的內容。這一點在書中的第14頁、第16頁也有提過。

不過，必須注意的是，有時候我們會以為自己已經很了解，但其實並不是真的懂。很多時候，其實只是我們「自以為懂」而已。

例如，新聞裡經常提到「逮捕」這個詞。那麼，你知道進行逮捕時，需要一份叫「逮捕令」的核准文件嗎？還有，這張逮捕令又是由誰簽發的呢？＊

似乎很多大人都以為逮捕令是由「警察」簽發。你也覺得是「警察」嗎？其實正確答案是「法官」。

「哦，原來是這樣，我要記下來！」光這樣想，還不能算真正了解。那麼，現在來想想為什麼是由法官簽發吧。

由於逮捕等於是奪走一個人的行動自由，光是有嫌疑，並不能進行逮捕。必須由熟悉法律的人客觀的審查案件經過，判斷是否真的有必要發出逮捕令。而能夠做出這個判斷的人，就是法官。

理解到這裡，你才算是真的明白了，也能夠肯定的告訴別人「逮捕令是由法官簽發的」。

附帶一提，你知道「警察廳」和「警視廳」的差別嗎？警察廳是「管理全國警察總部的國家機關」，「警視廳」則是「東京都的警察總部」。

所以，最重要的是，先認清「自己不懂」的事實。然後，仔細查閱資料，深入去了解相關資訊吧。

這點很重要！

「自以為知道」和「真正了解」是不同的。想要把某件事傳達給別人，就需要足夠的知識。要牢牢記住這一點哦！

*台灣逮捕通緝犯、現行犯、羈押前的被告時不需要許可文件，拘提被告、犯罪嫌疑人、證人時則需檢察官核發的拘票。

傾聽力 2

保持謙虛，才能看清事物的本質

我年輕的時候，曾在NHK擔任記者。接下來要講的，是我當時負責採訪一起殺人事件的親身經歷。

一般在案件發生後，我會向警察或現場附近人士詢問當時的狀況，然後寫成新聞稿，做為NHK的播報內容。但是，隔天我打開報紙時，竟然看到相關的報導裡有我不知道的內容，讓我嚇了一大跳。

我明明和寫那篇報導的記者去了同一個地方，看了同樣的現場，也詢問了同一群人。但是，報紙上刊登的內容，卻比我寫的文稿優秀許多。

我當時真的受到很大的衝擊，也才意識到自己其實根本並未徹底了解那個案件。

我問到了一個事實，也確實把它寫了出來，卻還有很

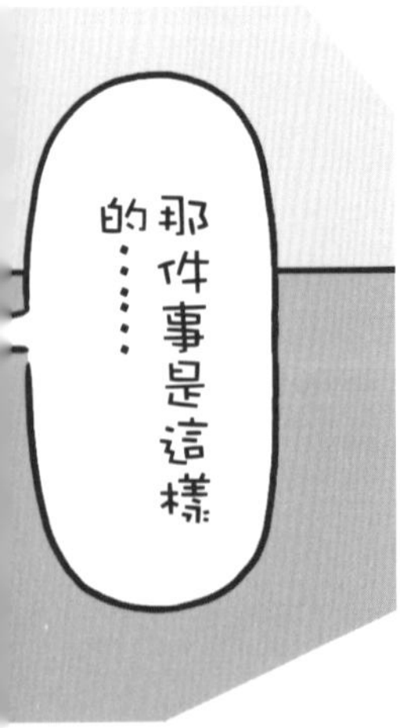

多我沒有掌握到的事實。而我卻完全沒發現這件事，只憑自己知道的部分事實，就以為自己已經掌握全局，並且寫出報導。

那時，我深刻的體會到「自以為知道」有多可怕。同時，也明白要時時刻刻記得「自己知道得還不夠」，也就是「保持謙虛」，是多麼重要的事。

不論是誰，「自以為了解，事實上卻還知道得不夠詳盡」的情況都常常發生。但只要記住世界上還有太多自己不了解的事，並且保持謙虛，你就能開始看見自己的盲點。反過來說，如果不懂得保持謙虛，不但什麼也看不到，甚至根本不會發現自己其實不懂。想讓自己成長，保持謙虛的心是非常重要的。

這點很重要！

能夠發現、認知到「原來我什麼都不懂啊」，是一件非常重要的事。首先，讓自己抱持「謙虛」的態度吧。這樣，你才會不斷成長。

傾聽力 ❸

太過自負的人無法成長

這世界上，有一些「特別有自信」的人。

「我這個人就是特別聰明。」

「我運動神經超強。」

「如果比記憶力的話，我可是不輸任何人。」……等等。

常常把這類話掛在嘴邊的人，就是所謂太過自負的人。你班上是不是也有這樣的人呢？有自信絕非壞事。滿懷自信積極的挑戰各種事物，也是非常好的事。

但是，人如果太過自負的話會怎麼樣呢？太過自負的人，態度會變得傲慢，甚至失去向他人學習的心，這樣可就不好了。

我以前在NHK當記者的時候，周圍就有一些人對自己寫的稿子特別有自信。即使有前輩指出他們稿子裡不夠完善的地方，或要他們修改，他們還是覺得自己寫的更好，堅持不願意修改。

就我所看到的，這些人在後來的記者生涯裡，幾乎沒什麼成長。

反過來，我們可以看看優秀的將棋棋手藤井聰太，即使是在贏了比賽之後的採訪裡，他也一定會談到自己在這次棋局裡需要檢討反省的棋步，還會將這些心得視為下一場對奕時要面對的課題。

或者像大聯盟選手大谷翔平，不管他表現得多出色，我也從來沒看過他自誇。比起自誇，我想他可能更願意把時間花在訓練上，讓自己繼續進步吧。

如果你對自己有自信，那麼就將這份自信藏在心裡，繼續努力，才是最重要的。這樣才能不斷的突破自我。

這點很重要！

擁有很強的自信，充滿自信的去行動，是很好的事。但光有自信，並無法讓人成長。懂得「反省」自己的表現和行為，才是成長的關鍵。

傾聽力 4

問是丟臉一下子，不問是丟臉一輩子

我現在正在透過這本書，與你分享關於「表達能力」的各種建議。

不過，正在讀這本書的你，說不定心裡正覺得「好難啊，我好像辦不到」。

其實，這也很正常。因為即使是大人，也會覺得「表達」這件事非常困難。

我希望你不要害怕失敗，積極去和別人溝通。過程中你可能會遭遇種種挫折，像是惹對方生氣、傷到別人，或是造成誤會等等情況。

但是，這些都是必經的過程。希望大家碰到失敗

的情況時，也不要放棄或氣餒，能繼續嘗試和他人溝通。

而且，我希望你能大方的面對出糗。人在經過出糗的失敗後，「表達的能力」一定會越來越強。

有句俗話說：「問是丟臉一下子，不問是丟臉一輩子。」意思是：「因為不懂而去請教別人，或許會讓人覺得有點丟臉。但如果因為怕丟臉而不去請教別人，那麼一輩子都會因為不懂而丟臉。」

抱著謙虛的心去學習，習得新的知識，讓自己不斷成長。

當然，也不是什麼事都可以隨意發問。如果任何事都不經思考就發問，只會讓人覺得你很煩。要在自己全心努力思考過後，還有不明白的地方，再真誠的請教別人哦。

這點很重要！

有不懂的事，向別人請教並不可恥。真正可恥的是繼續「裝懂」，你不覺得嗎？來吧，讓我們保持謙虛的心，更努力的學習吧！

成為一個好的傾聽者

為了培養「表達力」，毫無疑問「述説的能力」非常重要。不過，跟「述説的能力」同樣重要的，就是「傾聽的能力」。

因為，只有你先認真聽對方説話，對方才會認真聽你説話。

人們在被傾聽時，通常都會感到開心。對於那些願意專心聽自己説話的人，也會自然而然產生親切感，心裡的好感也會增加。

所以，當你和別人聊天時，不妨試著讓對方也有機會多説話。選擇一些對方比較好聊的話題也不錯，比如對方身上穿戴的東西、興趣愛好，或是假日時喜歡做什麼。

然後要專注的聽對方説話，偶爾表示感同身受，偶爾用力點頭來表示認同。等到慢慢了解對方，就能進一步找到更適合和對方聊的話題。

這樣一來，對方一定會覺得很愉快、很盡興。隨著這樣的互動發展，對方會漸漸對你產生好感與信任感，甚至開始對你產生興趣。這麼一來，相信他也會帶著好奇心，樂於聽聽你要說的話。

也就是說，具有「傾聽的能力」，不但能夠引導對方說出自己的想法，也能藉此了解對方的個性。同時，當你成為一個好的聽眾，這股力量絕對會成為你與人溝通時的重要幫手。

要提升「表達能力」，加強自己「傾聽的能力」其實也是一種好方法哦。

這點很重要！

要自在的和人溝通交流，「述說的能力」和「傾聽的能力」，兩者都不可或缺。想要讓對方了解自己的想法，就從努力了解對方開始吧！

擅長傾聽的人，能讓對話順暢不冷場

說到好的聽眾，我會想到一位藝人，那就是搞笑雙人組「南海甜心」的山里亮太。我從他還是剛出道的新人時期，就常常在電視台裡遇見他。

山里先生總是很認真的聽對方說話，除了「哇！」這種一般人在對話裡常有的反應，還會說「那真的很有意思！」「太厲害了吧！」「這我真的都不知道耶！」「也跟我多說一點嘛！」「那後來呢？」等等，在對話中不斷做出積極的回應。

而且他不只是聽，還會時不時提出和對方說話內容有關的經驗，像是：「我也碰過〇〇〇〇的情況，這會不會跟你說的情況類似呢？」

簡單來說，他很擅長讓話題延展開來，不管是誰都能在對話中和他輕鬆愉快的交談。山里亮太現在能成為大受歡迎的藝人，我想「擅長傾聽」也是重要的原因之一。

另一位搞笑藝人，「楓葉超合金」裡的卡蘇萊薩，也是一位在綜藝節目中特別會帶

動氣氛的人。

卡蘇萊薩先生在問答節目中，很懂得掌握自己回答的時機。即使知道答案，他也不會急著搶答，一點也不急著出風頭。他會在其他藝人先答完，主持人點名問他時才說「嗯，這個嘛……」之類的話，再從容的說出正確答案。因為他很清楚有各種不同的答案，才能讓節目氣氛更熱絡，才會總是先讓更多人踴躍作答。

為什麼卡蘇萊薩會這麼受人喜愛，知道這一點後，相信大家也就心服口服了。

這點很重要！

如果你也能成為「傾聽高手」，與別人聊天一定會變得更開心、更有趣。此外，和更多人聊天談話，也能得到更多新知識呢。讓我們一起朝著成為「傾聽高手」的目標邁進吧！

這是個好問題！

之3

該怎麼清楚說明自己的行動理由呢？

Q 我現在是小學五年級學生。我在學校常常受到老師單方面的責備。可不可以教我能夠好好解釋我為什麼那樣做，然後又不會被老師以為我在找藉口的方法？

A **思考如何才能客觀的傳遞訊息的方法**

來想一想，要怎麼做才能客觀的向別人說明自己的行動理由呢？「客觀」是指不要只從自己的立場去看，而是站在第三者的角度來看待事情。

舉例來說，你可以試著假設自己正在以第三者的角度觀察自己的行動。然後，以那個第三者的身分，向老師說明你的行動理由看看。

第4章

鍛鍊寫作力，享受表達的樂趣吧！

午安！
今天讀真不在家嗎？
啊，池上老師，歡迎歡迎！
這裡有張讀真留的便條。
我出去玩了。跟廣人一起。大約4點左右。傍晚回家。
我出去玩了。
跟廣人一起。
大約4點左右。
傍晚回家。
讀真
這意思是他去廣人家了吧？
所以他是說傍晚4點回來？
可現在已經過4點了，他還沒回來呢……

我回來了——！
……
怎麼了嗎
……
用文字傳遞訊息，可是有技巧的喔！
特別是要說明行動或情況的時候，要整理好「何時、誰、在哪裡、做什麼」這些點後再寫出來。
這樣啊……
就是這樣。
早知道我就寫「我4點到廣人家玩，5點半回家」了。
我出去玩了。跟廣人一起。大約4點左右。傍晚回家。
這樣寫才有人看得懂好嗎——
還有很多表達的技巧哦！

寫作力 1

要小心語言裡的「語義變化」

在傳遞訊息時，最重要的就是正確使用詞彙，特別是在寫作時，因為寫出來的內容會留下紀錄，所以更需要謹慎。

近來有個現象讓我特別在意，那就是用詞的「語義變化」。這是指一個詞所指的意思與原意不同，有時甚至會被用來表達完全相反的意思。

你有沒有用過「要命」（ヤバイ）這個詞呢？「要命」原本的意思是「危及生命」，現在卻更常被用來表示「很棒」「很厲害」的意思。例如：「這人真是（棒得）要命」「這甜點（好吃得）要命」「這個滑板特技簡直（厲害得）要命」等表達方式。這可能是從「好到會讓人上癮、戒不掉」的這種語氣轉變而來。不過要是對方不理解這個用法，就完全無法溝通了，因此使用上還是得多加小心。

也有一些人會不小心用錯慣用語或諺語。例如，「施恩非惠於人（情けは人のためならず）」的正確意思是「對別人施以恩情，最後的善果會回到自己身上」。但有不

少人誤以為這句話是指「輕易的對別人施恩，反而對這個人不是好事」。如果用錯了，傳達出去的意思就會完全顛倒了哦。

除此之外，類似的例子還有「議論が煮詰まる（字面的意思是「話都說乾了」，真正的意思卻是指，大家已經充分提出意見，差不多可以下結論了）」「気が置けない（字面是「毋放心」，但意思是指可以毫無顧忌的相處）」，或者是「えびで鯛を釣る（用蝦釣到鯛魚，意思是小小投資獲得巨大回報）」，都很常有人弄錯用法。你是否也曾經誤用詞彙或諺語呢？

正如我在第26頁提過的，最好還是養成查詢字典，在寫作前先確認詞語的正確意思的好習慣吧！

這點很重要！

我們要正確的使用詞語！為了做到這一點，養成經常查字典的習慣非常重要。這也是磨練你的「表達力」時很重要的一件事哦！

掌握寫作的格式

你寫過「報告」嗎？所謂報告，就是把你調查過的內容整理好，並傳達給別人的文章。像是理科或社會科的自由研究，就是報告的代表性例子。相信你也有過要交報告給老師，或是在班上同學面前發表的經驗吧。

有些人可能會覺得「寫報告好難啊」，但報告有它特定的「格式」。格式就是「形式」，也就是說，報告有特定的「書寫技巧」。

其實，要掌握報告的格式沒有那麼難。

在寫報告時，一開始要先寫「目的」，也就

是說明你為什麼要進行這項調查。

接著，寫下調查的內容，最好每一段都加上標題，依照順序把內容詳細書寫出來。

最後，再寫下「結論」，把你調查後得出的結果或心得感想做個總結。

你看，是不是沒那麼難呢？

不過，要把文章寫好，又是另外一個課題了。寫作需要練習，而練習的方法之一，就是抄寫範例文章。像是國語課本裡的文章，或是圖書館裡的好書，都很適合用來做抄寫練習。

我以前在NHK當記者時，也經常抄寫前輩記者寫的新聞稿來學習。我透過一字一句仔細的抄寫，學到書寫文章的脈絡邏輯、選用易懂的詞彙、掌握文字的節奏感。也推薦你試試看這個方法哦！

這點很重要！

寫報告時，最好能清楚掌握好格式。不過，要寫出優秀的文章，還是需要練習。找一些好文章來當做練習範本吧！

寫作力 ❸

寫作時，牢記運用「5W1H」

平常在寫作文時，非常重要的一點就是運用「5W1H」。「5W1H」指的就是以下6個英文字的開頭字母：「何時（When）、何地（Where）、何人（Who）、何事（What）、為何（Why），以及如何（How）。」

清楚寫出這些內容，就能寫成一篇更有條理，也更容易理解的文章。而且，這個方法將來在你長大工作之後，也會非常有幫助。從現在開始，就一起學習並牢記這個寫作技巧吧！

我以前在NHK當記者時，也常被提醒要時刻牢記

「5W1H」原則。每次外出採訪時，我都會想著要怎麼根據「5W1H」原則來撰寫報導，然後進入工作狀態。

其實，報告的格式（第84頁）和「5W1H」就像做菜的步驟，而調查到的內容或體驗到的事物，就像用來做菜的食材。簡單來說，只要在每個階段加入應該放進去的材料，再依順序進行調理步驟就可以了。

調查到的內容（食材）不夠，就算照著格式和「5W1H」（步驟）來整理，也沒辦法完成一道好菜。

又或者，調查到的內容（食材）非常多，卻沒有照著格式和「5W1H」（步驟）來進行整合，就會變成雜亂無章、很難看懂（不好吃）的文章（菜色）了。

所以，關鍵在於，在開始整理報告或撰寫文章之前，也就是從開始收集資料時，就要牢牢記住運用格式和「5W1H」原則。

這點很重要！

「5W1H」是寫作的基本原則。就算你長成大人了，它依然會對你有很大的幫助。寫作的時候，一定要記得運用這個技巧。

寫作力 4

重視「五感」

現在，你已經了解報告的格式，也明白「5W1H」的寫作技巧，並且知道可以透過抄寫優秀的文章，提升寫作能力。

那麼，這樣就能寫出一篇吸引人閱讀的文章了嗎？還不夠哦。最重要的是，文章的內容夠不夠有趣。這裡的「有趣」，指的並不是讓人想笑的那種有趣，而是能夠讓讀者看了感到興奮、覺得「原來如此」，或發出「哇～」的驚嘆等等，讓人覺得值得去閱讀的文章。值得閱讀的文章，也可以說是具有你的個人特色、只有你才能寫出來的文章。

所謂「具有你的個人特色」的文章，需要你運用「五感」來寫成。五感就是「視覺」「聽覺」

蛋糕分成2層，上面還點綴了草莓和鮮奶油
不算特別
用刀切的時候很絲滑

「嗅覺」「味覺」和「觸覺」。也就是說，把你本人所感受到的顏色、聲音、氣味、味道和觸感融入文章中。

散發著奶油與草莓的香氣

甜味適中，和草莓醬的酸味很搭

雖然文章中不是一定要把五感都寫進去，但只要你時刻記得融入五感，就能寫出有生命力的文章。寫出能像看小說一樣想像出場景（第22頁）的文字，更有助於將訊息傳遞給讀者。

如今，似乎有越來越多大學生或成年人在撰寫文章或報告時，不自己調查資料，而是直接從網路上複製現成的內容。然而，他人寫的文章，原則上是受到「著作權」這項權利保護的，直接複製使用是法律禁止的行為。更何況，這樣做未免也太可惜了。因為這樣做等於是親手放棄提升自己能力的機會呢。

讓我們一起努力，寫出屬於自己風格的文章吧！

這點很重要！

運用你的「五感」，試著寫出只有你才能寫出來、具有你個人特色的獨特文章吧。像那種到處去複製別人文章的事，我們可別去做哦！

內容空洞的文章，才是問題

讓我們再想一想，什麼是值得一讀的文章吧！

以下兩篇文章都是描述遠足的作文。我們來讀一讀，比較看看。

A 從山頂看到的天空是一片蔚藍，天邊飄著朵朵白雲，清爽的風輕輕吹拂著肌膚。耳邊傳來海浪的聲音，往山下看，是一片翡翠色的大海。景色美麗極了。

B 呼咻、呼咻。我氣喘吁吁，汗水順著臉頰流了下來。就差最後一步了！已經能看到山頂的岩石在陽光下閃閃發光。我到了！突然間，沙沙聲席捲而來。是大海。真是太暢快了！我深深的吸了一大口氣。

你覺得怎麼樣？哪一篇文章更能吸引你呢？

兩篇文章都使用了五感來描寫。山頂的風景，都能

清晰浮現在腦海裡。

不過，讀了之後更能打動你的文章，應該是B吧？A的文章本身寫得很好，但是作者的情感並沒有像B傳達得那麼生動。

B的作者把自己辛苦爬山時的感受、最後登上山頂的心情和體驗，細緻的描寫了出來。「山頂的岩石在陽光下閃閃發光」這句話，是只有親身體驗過的人才寫得出來的句子。你有沒有覺得自己好像也跟著作者一起爬上山頂了呢？

文章的結構和語句寫得再美，如果不是發自內心，是無法打動讀者的心的。反過來說，如果文章中充滿了你的情感和想法，就能深刻的觸動讀者。

這點很重要！

請用屬於你自己的語言，寫下你親身經歷過的故事，完成一篇只有你才能寫成的文章。內容豐富、感情充沛的文章，一定能觸動很多人的心靈哦。

寫作力 6

培養「另一個自己」

為了提升你的「表達力」，最好能培養出「另一個自己」。

咦？什麼是另一個自己？沒錯，另一個自己就是存在你內心，隨時會對你提出意見與建議的人。

你在寫完一篇報告或作文時，曾經出現過「嗯，寫得不錯嘛！」的滿足感嗎？如果有的話，很遺憾，這表示你還沒有另一個自己。

還是寫完後，你會忍不住想：「我有沒有寫錯呢？」「這樣寫，讀起來順不順？」「能不能寫得更好懂呢？」如果你有過這樣的念頭，那麼你的內心已經擁有另一個自己了。

「這樣就可以了嗎？」經常像這樣反覆自我檢視，就能培養出另一個自己。

或許你會覺得要達成這個目標很困難，但其實意外的簡單呢。

「這樣敘述有趣嗎？」

「你在說什麼啊？根本就聽不懂啊！」

另一個自己，就像搞笑團體的搭檔一樣，會不斷吐槽你，要你修改各種破綻。

「你這樣根本沒辦法讓人聽懂你要說的，再換一個例子說明看看吧。」

如果另一個自己會像這樣給你建議，陪你一起思考，那就太棒了！有它幫忙，你就等於有了最強的搭檔！

寫作時也和說話一樣，請你有意識的讓「另一個自己」冒出來，對自己吐槽一下。這樣一來，一定能夠扎實的提升你的「表達能力」。

這點很重要！

去感知那個會吐槽你的「另一個自己」吧。向別人傳達某件事情時，隨時自問「這樣就可以了嗎？」，養成這個習慣，就能幫助你建立清楚表達的能力哦！

試著朗誦寫好的文章

想探知「另一個自己」對你寫好的文章的意見，可以試著把文章朗讀出來哦。

出聲朗讀時，就會先注意到文章的節奏。埋頭寫作或是在心裡默讀的時候，可能沒有察覺的文字節奏問題，透過朗讀，就會立刻現形了。

如果語句的節奏不佳，對讀者來說就會是不好理解的文章。這時即使語句在文章的脈絡中是通順的，讀者也可能很難讀進去。尤其是拐彎抹角的句子，用唸的就能馬上發現哪裡需要

修改。

一句話最好不要寫得太長。像是「雙重否定」或「三重否定」句，也容易讓人搞不清楚在說什麼。例如，「也不是沒有那個打算」，或者「也不能說不是沒有那個打算」這種彎彎繞繞的說法，到底是「有」還是「沒有」那個打算，根本無法一看就懂吧。此外，透過朗讀寫好的文章，也經常能發現語意不通，或是說明得不夠清楚的地方。

我自己在為了出書撰寫稿件時，也會把整篇稿子全部唸出來重新檢查。一整本書的分量，大約是三百多張400字的稿紙。要把它們全都朗讀過，是相當費力的過程，說實話真的很累人。

但是唸得越多，效果就越顯著。

以你的情況來說，應該不會需要唸到這麼多的量，所以一定要試試看哦。

這點很重要！

把自己寫好的文章朗讀出來看看。試著親自確認文章的節奏夠不夠順暢、意思夠不夠清楚。這樣一來，就能大幅提高文章的完成度哦。

寫作力 8

一邊說，一邊整理寫作內容

寫完文章後，回頭檢查內容是很重要的步驟。

不過，也有一種方法是「在寫之前先確認內容」。

也就是在開始寫作之前，先和別人聊聊自己預定要寫的內容。

以下是我在NHK當記者時的經驗。那時有一位記者前輩每次採訪回來，都會對身邊的同事說「欸，剛剛啊，發生了一件事……」這樣聊起來。

一開始，我心裡會想：「有時間在那裡閒聊，還不如趕快把稿子寫一寫吧……」

但不久之後，我發現那位前輩在和同事聊採訪內容時，也會同時觀察對方的反應。他是在確認那件事寫成新聞對別人來說是否有趣。同時也透過講述整理採訪到的內容，思考要怎麼寫成一篇文章。

有時候，你認為很有趣的事，其他人卻不一定感興趣。

相反的，有時候你覺得沒意思或不怎麼重要的內容，對別人來說卻可能很有吸引力。

透過這種互動，你會慢慢整理出該寫什麼、該怎麼寫的頭緒。

你也可以在寫自由研究報告或作文功課之前，先和朋友聊一聊，把你想研究的主題或打算寫進作文裡的事情告訴他們。

直接問他們「你覺得這有趣嗎？」，說不定也是個好方法。試試看一邊講，一邊在腦海裡整理文章的內容該怎麼寫吧。

這點很重要！

在下筆寫作前，先試著和朋友或父母聊聊，確認一下他們的反應。這也是一種方法哦。這麼做能幫助你梳理自己想寫的內容。

寫作力 9

試著把文章寫在別人看得到的地方

你知道什麼是「部落格」嗎？可以說，它就像公開在網路上的「日記」。

日記一般不會讓別人看，而是用來記錄一些無法向人傾訴的事，或自己內心的想法。

和日記相比，部落格卻是以「讓別人來看」為目的而寫的。所以說，它雖然也是一種日記，卻又和普通的日記不太一樣，對吧？

當你開始寫一些會被別人看到的文章時，你的「表達能力」就會進步。

拿部落格來說，有時會有陌生人對你寫的文

章留言，做出評論或提出意見。

有時甚至會被批評「這裡錯了」，或是「看不懂你想表達什麼」。

你會透過這些留言，重新回頭思考自己的文章，甚至去回答留言裡提出的問題。在這種反省和加強學習的過程中，就能慢慢培養出「表達的能力」。

我自己也常看各式各樣的部落格，也經常會觀察到一些部落格的文筆進步了、內容變得更扎實了。相信寫這些部落格的人都是透過文章受到閱讀與回饋的過程，而變得更會寫作。

不過對你來說，現在開始寫部落格，可能還稍微早了一些。

那麼，試試「交換日記」怎麼樣呢？和好朋友一起寫交換日記，其實挺有趣的哦！

努力找尋讓朋友開心的話題，花心思寫出讓對方看了會想笑的文章。這樣的練習，一定能讓你的表達能力越來越進步。

這點很重要！

讓別人閱讀你寫的文章，請他們給你一些意見或回饋，你的寫作能力一定能夠確實的提升。和朋友一起挑戰交換日記，也是很不錯的選擇哦！

寫作力
⑩

幫報紙專欄的內容寫摘要

想提升寫作能力，練習將報紙上的文章縮短，是個不錯的方法。如果是大人的話，我會推薦把報紙頭版下方的專欄，練習改寫成只有一半字數的篇幅。

說到報紙頭版下的專欄，《日本經濟新聞》的是「春秋」專欄、《朝日新聞》的則是「天聲人語」專欄、《讀賣新聞》的是「編輯手帳」，而《每日新聞》的叫做「餘錄」專欄。這些專欄大約都在650字左右，練習時可以試著縮寫成大約300字。

對小學生來說，改寫這些專欄可能還有點太難了。所以，先從學校發的「年級通知」或各個社團、班會的公告開始練習也不錯。

抱著要濃縮文章的心情去讀，你會發現自己比平常閱讀時，更加專注仔細的思考這篇文章的內容。你會邊閱讀，邊思考：「這篇文章想傳遞什麼訊息呢？有哪些地方其實可以不寫出來？」

話雖這麼說，這樣的練習還是不太容易吧。只刪減一小部分或許還行，但要把整篇文章削減到一半就很難了。縮減的過程中必定會不時擔心：「刪掉這部分，會不會就無法傳達原意了？」

不過，只要反覆進行這樣的練習，你的寫作能力和思考能力一定會有所提升。

反過來，練習把文章加長，也是很不錯的方法。這比縮短文章的難度更高。因為那篇文章並不是你寫的，很難判斷要添加什麼樣的內容才好。

碰到這種情況，可以嘗試加上一些比較「吸睛」的文字（第42頁），或是增添類似的經驗、例子。

不妨多方嘗試、發揮創意，好好挑戰看看吧！

這點很重要！

要不要試著用報紙的專欄，或學校的「年級通知」這類寫給很多人看的文章，進行縮寫或擴寫的練習呢？我想這對你來說可能會有點困難，但你的寫作能力一定會因此提升哦！

寫作力 ⑪

複雜的事情，也要寫得簡單扼要

我還在NHK當記者的時候，記者前輩們不知多少次提醒我要「寫出淺顯易懂的文章」。

用說的容易，但實際要寫出好懂的文章卻很困難。我相信那些常常提醒我的前輩和其他記者，肯定也總是為此傷透腦筋。

把難懂的事情照著它原來難懂的樣子寫出來，其實是最容易的。我在第34頁就提到過「通貨膨脹」的例子。

像教科書上的內容那樣，只要不出錯，

就算有點難看懂又如何，反正至少是正確的。如果從這個角度來思考，即使內容很難懂，確實也算是有解釋了。

但那種情況下，寫的人往往不一定完全了解自己所寫的內容。

假如還抱著把事情寫得很複雜，就能讓文章看起來很有一回事的心態，更是大錯特錯。事實上，能夠把困難複雜的事情寫得簡單易懂，才是最困難的事，能做到這一點，可是非常了不起的成就。

能夠簡單明瞭的表達，就表示你對這件事有很深的理解。如果徹底理解一件事，就能用更簡單的語言來解釋。甚至還能根據不同的對象，調整表達的方式。

即使寫得很簡單，但只要內容扎實，文章就不會顯得幼稚。

「簡單的事寫得簡單明瞭，困難的事情也寫得簡單扼要」，是傳達訊息時的基本原則。

這點很重要！

即使是困難的內容，也要用簡單易懂的方式來寫。總之，請時時記得寫出「讓人容易理解的文章」。為了做到這一點，最重要的是要深入理解你打算寫的內容。

寫作力 12

想提升「表達能力」，最好避免的表達方式

我們想寫出好文章時，應該盡量避免使用某些詞彙。比如連接詞裡的「然後」和「接著」。這兩個詞就經常出現在小朋友的作文裡。

「我早上7點起床。然後去洗臉。然後換衣服。接著就吃早餐。……」就是代表性的例子。

不管是「然後」還是「接著」，都是用來補充說明或排列事件順序時使用的連接詞。在文章中過度使用這些詞彙，會給人很幼稚的印象。其實大多數情況下都不必用到它們，避免使用反而能讓文章更加簡潔明瞭。

例如把剛才的句子改成：「我早上7點起床。洗臉後換好了衣服，坐下來開始吃早餐……」是不是俐落多了呢？

我們也應該避免過度使用「但」來連接句子。

「天氣很好，但我還是帶了雨傘。」這是正確的用法。

「天氣真好，但您好嗎？」，或「他很會讀書，但也很擅長運動」這類句子，你覺得如何呢？

這裡的「但」，只是用來連接上下兩句話。這樣的用法雖然不算錯，卻會讓句子的意思變得有些奇怪。

如果改寫成「天氣真好。您好嗎？」，或「他既會讀書，也擅長運動」，讀起來是不是更順暢呢？

「順帶一提」和「那麼」這類詞彙也不應該過度使用。這些連接詞是在變換話題時使用，頻繁使用會讓文章讀起來斷斷續續。

只要在寫作時多加注意這類細節，你的表達能力一定會提升哦。

這點很重要！

重點就是「盡量少用連接詞」。最後，還要以讀者的角度重新閱讀自己寫的文章。「簡潔易懂」是最優先的原則。

這是個好問題！

之4 該怎麼做，才能跟阿嬤好好溝通呢？

Q

我的阿嬤年紀大了，我跟她說話時常常變成雞同鴨講，她也不太能聽得進別人說的話。有沒有什麼好方法可以幫助我跟阿嬤交流內心的感受呢？

A

耐心的傾聽她說話吧

和她溝通時，最重要的是將心比心。在你想向阿嬤表達自己的心情之前，請先耐心的聽她說話吧。其實，阿嬤一定很希望有人能聽她說話。

不要否定她說的話，耐心的好好傾聽。你總是傾聽她說話，時間久了，她一定也會反過來追問：「那你是怎麼想的呢？」

第5章

活在現今的你們不可或缺的「新・表達力」

哦，在玩SNS啊？
池上老師！
我朋友由紀好像在社團活動時昏倒了。
由紀這傢伙居然不告訴我，卻跟久美說了。不覺得她很過分嗎？
啊！由紀傳訊息來了！
唔?!
好像有傳聞說我昏倒了，才沒有哦～我本來是要寫社團活動的時候滑倒了，但是不小心打成「昏倒」，結果就這樣傳出去了。
咦～！
SNS上常常發生這種事吶！

SNS就是會這樣一下把訊息散播出去。
而且也會發生像剛剛那樣誤傳的情況，所以真的很可怕！
確實是這樣呢。
在相信傳聞之前，得先經過確認才行。
傳話要小心，尤其是內容還不確定的時候，更不能亂傳。
SNS上的表達方式也很重要呢。
沒錯，待會我們就來聊聊這件事吧。

在SNS上的「表達力」

你使用過SNS嗎？

SNS是一個能和陌生人交流的好工具（第14頁），但也因此同時具有危險的一面。

有些人會仗著看不到對方的臉或外貌，就輕率的寫出一些不負責任的言論。那些未經思考的話語，有時會意想不到的擴散開來，深深傷害到那些被提及的人。

先前也發生過有人在餐飲店拍攝惡作劇影片，散播開來後造成企業巨大損失的事件。想到造成的損失金額有多龐大，可不是一句「對不起」就能解決的。

我們不應該附和別人的壞話，也不應該對這種內容按

「讚」。因為按了「讚」，就等於我們認同那些謾罵留言了。

假如那個被批評的人因此自殺了怎麼辦？要知道，有時不經大腦隨便按個「讚」，也可能構成犯罪行為。

或是讀到別人的留言就火冒三丈，在網路上跟對方吵起來，當然也不好。憤怒只會引發更多憤怒，牽連到更多人，導致更大的騷動。

在怒氣沖沖的留言之前，請勸自己先冷靜一下吧。這時再回頭讀前面的來往內容，或許會發現只是一場誤會，或是根本沒什麼好生氣的。

面對這種情況，仔細閱讀的能力也很重要。參與SNS時，一定要特別謹慎。

這點很重要！

在SNS上留言、發表意見，一定要特別慎重。你是否曾參與別人的惡意留言，或者不經意的按「讚」呢？一時的輕率發言，有可能會讓你捲入刑事案件。要隨時將這點牢記在心哦！

發表意見前，先仔細檢查內容

SNS上所寫的內容，未必都是正確的。裡面也混雜了不少似是而非的知識和胡亂想像的內容。

看到讓你有「咦？真的假的？」這種反應的內容，最好不要輕易相信。也不要輕易做出反應，多多查證其他相關資訊吧。

相反的，想在網路上發表自己的意見時，千萬要注意不可以草率的寫出沒有根據的內容。

在網路上發言，就像站在一個到處都是人的十字路口大聲喊話，跟在教室裡對著全班同學說話是完全不同的。因為你不知道誰會聽到你說的話，又會有什麼樣的反應，所以責任非常重大。

況且，話講完，聲音就消失了，但發佈在網路上的內容卻永遠不會消失。即使你長大成人了，以前發表過的內容還是可以被搜尋出來。假如你自己都希望刪除的事情，就這樣留在網路上一直跟著你到長大，你應該會覺得很丟臉吧。

這樣想的話，相信你就能明白在SNS上批評別人這件事，有多麼嚴重了。

要批評別人，必須先有充分的理由，這叫做「根據與邏輯」。這裡說的「根據」指的是能夠支持你的批判的事實，而「邏輯」是你思考與論證的過程。充分的理由必須具備這兩個條件。沒有根據與邏輯，就絕對不能隨便說別人的壞話。如果因此出了問題，是沒辦法用「我只是隨便說說」來推卸責任的。

要對自己發表的內容抱有負責任的心態才可以哦！

這點很重要！

在網路上發表的任何內容，未來也會一直存在，不會消失。自己寫出去的內容，就得自己負起責任。請時時抱持這樣的覺悟吧。

關於霸凌與「表達力」

在小學生之間的SNS上，曾發生過這樣的事情。

有一次，A同學從B同學那裡收到一張照片，是B同學穿著新衣服的樣子。A同學覺得照片裡的B非常可愛，於是把照片上傳到SNS群組裡，還在評論裡寫下「不可愛」。

結果B同學看了大受打擊，群組裡也出現了憤怒的朋友，在網路上引發了激烈的爭論。

你看出問題出在哪裡了嗎？其實A同學的本意是想說「很可愛吧！」來獲得群組朋友們的認同，只是他忘了在「不可愛」後面加上「嗎」跟問號，加上句子寫得太簡短，導致沒能把原意好好傳達給大家，甚至還被解讀成完全相反的意思。

A同學太粗心了。他至少應該在發文前再確認一遍。如果他直接寫「很可愛呢！」，應該就不會出什麼問題了。B同學說不定也會很開心吧。

近來，越來越多人會為了表達自己沒有惡意，在句尾加上「（笑）」。

這種做法在熟人之間或許沒問題，但在跟長輩溝通時就不太合適了。

雖然加上「（笑）」或許可以避免讓人感到不快，但這樣做並不會讓你的寫作能力變好。既然沒有惡意，就應該學會怎麼使用不會讓對方誤會的言語來好好表達。

既然都使用了SNS，就應該努力提升表達能力，讓自己不會因為表達不清而造成誤解。

這點很重要！

要小心會造成誤解的表達方式。明明心裡沒有惡意，卻可能引發不必要的疑慮，甚至成為霸凌的導火線。讓我們都對自己的發言負起責任吧！

好過分！
很可愛啊！
不可愛
好差勁！
啊！我忘了檢查句子！

什麼是「數位刺青」？

你聽說過「數位刺青」這個詞嗎？「刺青」就是「紋身」，是指用針等工具在皮膚上留下圖案或文字。一旦刺上，就幾乎無法完全去除。因為不能反悔，所以在決定刺青時需要非常謹慎。

在SNS上發言也一樣。一旦發佈出去，就無法完全刪除了（第112頁），因此才有人把這種情況比喻成「數位刺青」。

某家店的店員，在一位知名的運動員到訪他們店裡時，在網路上把消息分享出去，結果引發了嚴重的騷動。不論是惡意批評，或是透露他人隱私，一旦散播出去就會廣為人知。

這類例子層出不窮。在網路上無心透露他人的個人資訊，都可能為對方或他所屬的公司組織帶來巨大麻煩。你甚至有可能因此被告，受到法律懲罰。有人就曾經因為「隨口說的一句話」，把自己的一生都賠了進去。

那麼，哪些內容是不能發佈的呢？首先就是個人資訊了。沒有經過允許，就算是自己很熟的朋友，也不能隨便在網路上公開對方的姓名、學校、出生地或聯絡方式。

在網路上發表惡意評論當然就更不行了！我們已經在112頁提過，在SNS上發言，就好比是在擁擠的街頭大聲喊叫一樣。

如果你一時想寫些帶批評意味的話語，不妨先冷靜想想「我能在街上大聲說出這句話嗎？」，相信你就能做出正確的決定了。

這點很重要！

「數位刺青」是永遠無法抹去的。即使是朋友，也絕對不可以隨便在SNS上發佈對方的個人資訊。請務必將這點牢記在心。

新·表達力 5

在處理個人資訊時要注意的事

除了不能將他人的個人資訊寫在SNS上，你自己的個人資訊也不能輕易公開。

有些人會將「我家就在〇〇車站附近」「我念△△學校，也在口口教室補習」等等與生活場所相關的內容公諸於世，或是上傳自己的照片。

這世上心懷不軌的人，會利用你隨意公開的資訊來推測出你的身分，甚至查出你的住址。說不定他們會運用這些到手的資訊，做些不為人知的盤算。

如果有人掌握了你的行動範圍，在外面埋伏，

甚至綁架你，事情可就嚴重了。要是有人把你家的情況摸透了，甚至可能會抓住機會上門偷竊。我們要知道，個人資訊很容易被用來進行犯罪行為。

洩露個人資訊，不只可能讓你成為受害者，你也可能會在無意間成為犯罪共犯。所以再次提醒大家，在SNS上發文時，未經許可絕對不能涉及他人的隱私或個人資訊，也不能隨意對他人進行人身攻擊。

提及自己的隱私或個人資訊的內容，也要特別謹慎。

如果你還不能拿捏在SNS上發文的分寸，一開始可以請爸媽或能夠信賴的大人幫忙檢查你想發佈的內容，這樣會更加妥當。

附帶一提，我自己是不使用SNS的，但網路上卻出現了幾個名為「池上彰」的X帳號。這些當然都是冒充的帳號。

這點很重要！

他人的隱私或個資當然不能隨便在網路上公開，自己的個資也要小心保護。也不能隨意發表惡意評論。有時候網路上的無心之舉，也可能構成犯罪，因此務必要小心。

新·表達力
6

因新冠疫情而改變的「表達力」

自2020年起，新冠病毒的流行大大改變了我們的生活方式。我在大學任教，疫情之後，課堂的樣貌也跟著大幅改變了。像是學生們戴著口罩上課，我變得很難分辨他們的表情。以前，我可以從他們的嘴巴判斷他們聽課是聽得津津有味，還是覺得無聊；但現在他們戴著口罩，我只能從他們的眼神來判斷了。

這情形其實和你們在與朋友相處時也一樣吧？當你讀不出對方的表情時，情感就比較難以傳達。

碰到這種情況時，我建議可以用身體或手來補強表情的不足。像是搖搖頭或大幅度的揮動手臂來表達情感。這就是所謂的「肢體語言」。這麼做能讓對方更

容易理解我們想表達的感受。

此外，另一個大變化就是線上授課變多了。在遠距教學中，所有學生的臉會一排排的顯示在螢幕上。

相信對你們來說，這也是前所未有的經驗吧？以前上課時都是看著老師的臉，現在卻能同時看到同學們的臉。

這樣的好處是，你在發表意見時，就能看出每個人的反應，也更容易知道自己是否清楚的傳達了訊息。

不過，既然你看得見大家，代表大家也能看見你。如果你在上課時東張西望或打哈欠，可是會被所有人看到的哦。

這點很重要！

因為新冠疫情的影響，透過線上聯繫的情況變多了呢。「肢體語言」對溝通也很有幫助，不妨試試看吧。

新·表達力 7

烏克蘭戰爭與「表達力」

2022年，俄羅斯對烏克蘭展開了入侵行動。相信很多人都透過當時連日的電視報導，看到了相關新聞。

你是不是也覺得「俄羅斯太過分了，烏克蘭好可憐」呢？不過，有一句古老的俗話是這麼說的：「戰爭中，最先受害的是真相。」意思是，參與戰爭的任何一方都會只講對自己有利的話，使得真相難以分辨。

懂俄語的日本人並不多，相較之下，懂英文的人則多很多。也因此，日本更容易接收到來自歐洲或美國的英語資訊。結果就是，人們聽到的大多是支持烏克蘭的報導。

到底哪一方的說法更正確呢？「那是真的嗎？有沒有其他的看法呢？」像這樣對新知保持懷疑的態度相當重要。利用「深度偽造」（Deep Fake）這種新影像製作技術製造假新聞，也成了熱門話題。當時俄羅斯就曾經利用這種技術，製作出偽造的烏克

蘭總統澤倫斯基呼籲人民向俄羅斯投降的影片。

相信當時很多看到影片的人都會產生疑惑：「烏克蘭總統真的會說這種話嗎？」這種「哪裡怪怪的」直覺是很重要的。事實上，會讓人感覺不對勁的資訊，大多都是假消息。

據說俄羅斯的政府控制了資訊，只讓國民接收到部分訊息。世界上還有一些國家，人民並沒有言論與表達的自由。中國也是這樣。2022年年底，為了批判政府的新冠疫情因應政策，中國民眾發起了「白紙運動」。由於寫出批評的言論會遭到逮捕，所以抗議者舉起空白的紙張，表達對政府的不滿。

這也可以說是一種嶄新且強大的「表達能力」。

這點很重要！

你在看到烏克蘭戰爭，或是俄羅斯與中國對言論進行管制的新聞時，有什麼樣的感受呢？當你想向別人傳達某件事時，請努力以「正確的內容」和「正確的用語」來表達。

尾聲

這就是──
我心中所想的自己的模樣。
啪啪
啪啪
啪啪
在班上發表自我介紹的作文，好像滿成功的！
還被老師稱讚了哦！
讀真同學一邊看著大家的臉，一邊自信大方的完成了發表。
作文的內容也很有趣、很容易理解，讓我們知道了許多以前不知道的讀真同學的事情呢！

那真是太好了！
這都多虧了池上老師，真的非常謝謝您！
我也是！
話奏同學的報告做得很好呢！
我也是呢！
多虧了您，我更了解書的內容了。
我們也是！
池上老師這次的稿子，一樣非常好讀易懂。
這都多虧了關川先生的建議。
重要的表達能力！
今後也要繼續鍛鍊精進喔！

寫在最後

那麼，讀到這裡，你有什麼感想呢？是不是增加了一點自信呢？

我好像可以聽到有人在說：「不不不，我還差得遠呢。」那樣也沒關係的。如果那麼簡單就能有自信的話，這世上應該到處都是很擅長「表達」的人了吧。

但是，我們都知道現實並非如此。想要傳達什麼，光是有「想傳達」的心並不夠。首先，我們必須先仔細傾聽對方說話。也就是「傾聽的能力」是必要的。當你理解對方想說的話，才能進一步接住那個訊息，並且把自己的意見傳回去。這個過程就叫「對話的傳接球」。你得確實的接住對方投過來的球，才能好好的把球再傳回去。

不過，要是你投出去的球飛向了奇怪的方向，那可就麻煩了。為了不讓那樣的事發生，我們就需要擁有「掌控力」。想培養這樣的掌控力，最好的方法就是多讀書。許許多多的作者都在向讀者傳遞訊息。透過閱讀，了解他們在傳達時所下的努力和工夫，你掌控表達的能力也會逐漸提升。

如果你做到了，就請有自信的邁出下一步吧。接下來，請好好看著對方的臉，開始說話。低著頭小聲嘀咕，是沒辦法把你的想法傳達給對方的。當你以明亮有朝氣的聲音說出「我想向你傳達這件事！」時，你想傳達的內容，一定也能隨著你的熱情傳達出去。

2023年10月

新聞記者　池上 彰

商周教育館 84
我們為什麼要學表達？
掌握閱讀、述說、傾聽、寫作四大能力，讓你有自信、受歡迎、打動人心、更有競爭力

作者—— 池上 彰
封面插畫、內頁漫畫—— くりたゆき
內頁插畫—— オオノマサフミ
譯者—— 高品薰
責任編輯—— 羅珮芳
版權—— 吳亭儀、江欣瑜
行銷業務—— 周佑潔、林詩富、賴玉嵐、吳淑華
總編輯—— 黃靖卉
總經理—— 賈俊國
第一事業群總經理—— 黃淑貞

發行人—— 何飛鵬
法律顧問—— 元禾法律事務所王子文律師
出版—— 商周出版
台北市 115 昆陽街 16 號 4 樓
電話：(02) 25007008・傳真：(02)25007759
發行—— 英屬蓋曼群島商家庭傳媒股份有限公司城邦分公司
台北市 115 昆陽街 16 號 8 樓
書虫客服服務專線：02-25007718；25007719
服務時間：週一至週五上午 09:30-12:00；下午 13:30-17:00
24 小時傳真專線：02-25001990；25001991
劃撥帳號：19863813；戶名：書虫股份有限公司
讀者服務信箱：service@readingclub.com.tw
城邦讀書花園：www.cite.com.tw
香港發行所—— 城邦（香港）出版集團
香港九龍土瓜灣土瓜灣道 86 號順聯工業大廈 6 樓 A 室
電話：(852) 25086231・傳真：(852) 25789337
E-mail:hkcite@biznetvigator.com
馬新發行所—— 城邦（馬新）出版集團【Cite (M) Sdn Bhd】
41, Jalan Radin Anum, Bandar Baru Sri Petaling,
57000 Kuala Lumpur, Malaysia.
電話：(603) 90563833・傳真：(603) 90576622
E-mail:services@cite.my

內頁版型—— 倉科明敏
封面中文化、排版—— 陳健美
印刷—— 韋懋印刷事業有限公司
經銷—— 聯合發行股份有限公司
電話：(02)2917-8022・傳真：(02)2911-0053
地址：新北市 231 新店區寶橋路 235 巷 6 弄 6 號 2 樓

初版—— 2025 年 8 月 28 日初版
定價—— 360 元
ISBN—— ISBN 978-626-390-633-4

國家圖書館出版品預行編目 (CIP) 資料

我們為什麼要學表達？：掌握閱讀、述說、傾聽、寫作四大能力，讓你有自信、受歡迎、打動人心、更有競爭力／池上彰著；高品薰譯 -- 初版 -- 臺北市：商周出版：英屬蓋曼群島商家庭傳媒股份有限公司城邦分公司發行，2025.08
128 面；14.8*21 公分 --（商周教育館；84）
譯自：10 代から身につけたい「伝える力」
ISBN 978-626-390-633-4（平裝）

1.CST：人際傳播 2.CST：溝通技巧 3.CST：青少年

177.1 114010459

線上版回函卡